Usborne Farmyard Tales

First Irish Word Book
Buntús Foclóra i nGaeilge

Heather Amery

Illustrated by Stephen Cartwright
Pictiúir: Stephen Cartwright

Edited by Jenny Tyler
Eagarthóir: Jenny Tyler

Designed by Helen Wood and Joe Pedley
Dearadh: Helen Wood agus Joe Pedley

There is a little yellow duck to find on every double page.
Tá an lacha bhuí seo le haimsiú i ngach pictiúr dhá-leathanach

Seo í Feirm na gCrann Úll.

Tá Mr. agus Mrs. Boot ina gcónaí anseo lena gclann, Poppy agus Sam. Tá madra acu darbh ainm Rusty, agus cat, Whiskers. Bíonn Ted ag tiomáint an tarracóra agus tugann sé aire do na hainmhithe go léir ar an bhfeirm.

teach   simléar   balún   rothar

carr

díon

doras

Seo é teach Poppy agus Sam.

puball

sruthán bád iasc

frog

cosán

8

droichead   cruach fhéir   fear bréige   lochán

Tá Poppy agus Sam ag súgradh cois srutháin.

coinín

Taobh amuigh

Tá Mrs. Boot ag ní an chairr.

Tá Poppy ag rothaíocht.

Tá an balún gar do scamall.

carr    rothar   balún   scamall

Cois srutháin

Tá Sam ag súgradh lena bhád.

Tá Poppy ag iarraidh breith ar iasc.

Tá frog imithe i bhfolach faoin droichead.

Léimeann iasc amach as an tsruthán.

sruthán   bád   iasc   frog   droichead

péist chabáiste crann sionnach

dréimire

úll

duilleog

Tá Poppy ag cuidiú le Mrs. Boot na húlla a phiocadh.

beach
féileacán
luascán
bláth
ciaróg
seilide

Ag crochadh amach na héadaí

Tá Rusty ag iarraidh súgradh le stoca.

Tá an cat ag súgradh leis an hata.

Tá bríste géine Sam ar an líne éadaí.

Tá a gúna glan in airde ag Poppy.

stoca

gúna

bríste géine

hata

Ag piocadh úll

Tá Mrs. Boot ag seasamh ar dhréimire.

Tá Sam ina shuí ar an luascán.

An gceapfaidh Poppy an t-úll?

Tá sionnach imithe i bhfolach taobh thiar de chrann.

dréimire luascán sionnach crann úll

17

cró na gcearc

ciseán

péist

rámhainn

ubh

bara rotha

cleite

Tá Sam ag beathú na gcearc.

leantóir

sac

scriúire

suíochán

bosca uirlisí

casúr

Tá Ted ag obair ar an dtarracóir.

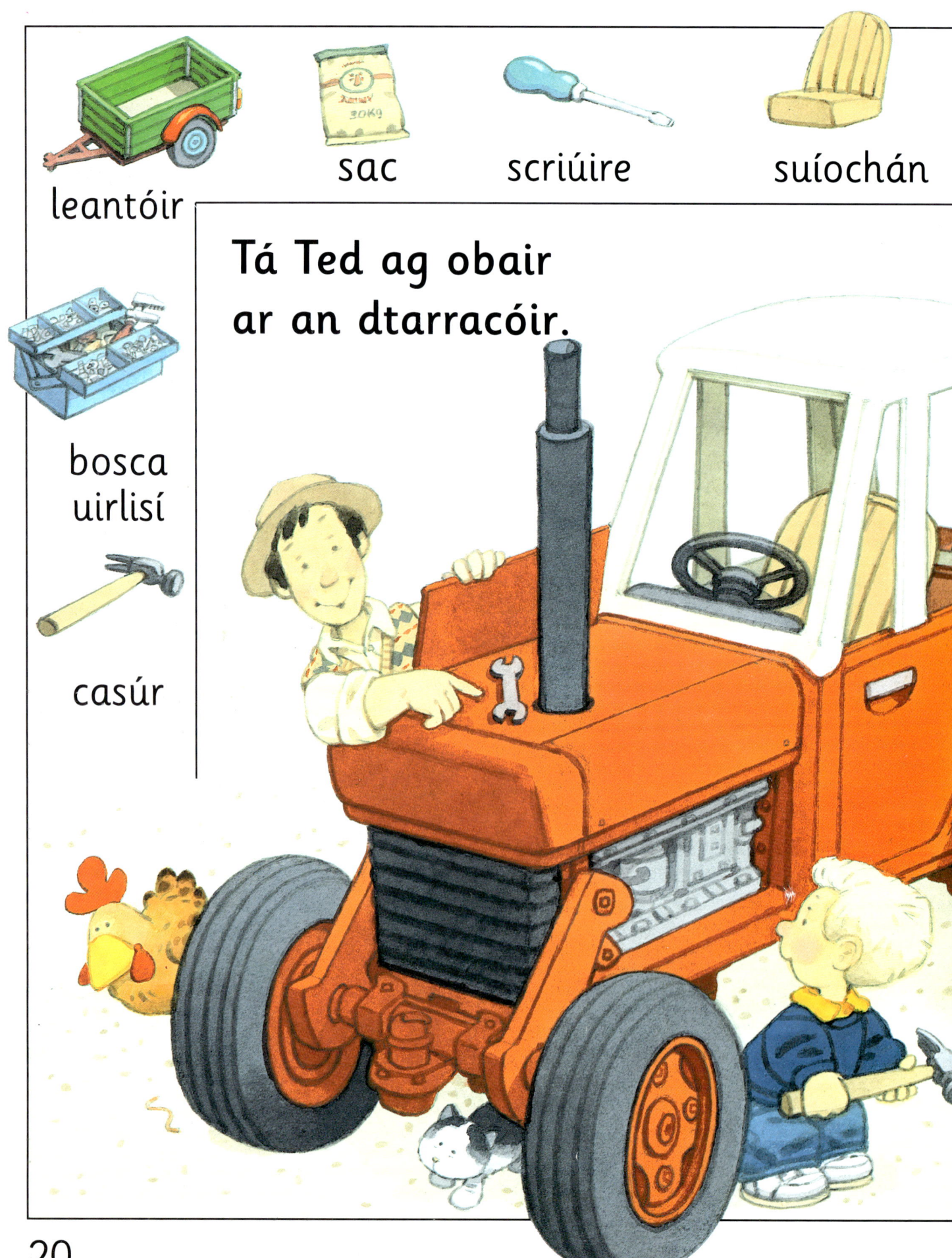

tarracóir   péint   castaire   rópa

roth stiúrtha

Ag beathú na gcearc

Cé mhéad ubh atá sa chiseán?

Tá an sicín seo ag iarraidh bia.

Tá cearc ina suí ar chró na gcearc.

Tá buicéad bia ag Sam do na cearca.

ubh • cró na gcearc • sicín • buicéad • ciseán • cearc

Ag deisiú tarracóra

Tá Ted ag obair ar an dtarracóir.

Cé mhéad sac atá istigh sa leantóir?

Tá greim ag Sam ar an gcasúr.

tarracóir   casúr   sac   leantóir

uachtar reoite   ceann   liathróid

tuáille

mála

portán

Tá Poppy agus Sam ar an trá.

27

prátaí

fíonchaora

silíní

piseanna

cairéad

trátaí

sútha talún

cabáiste

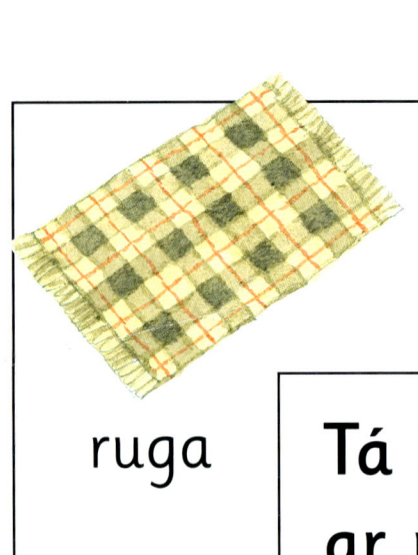

seacláid

oráiste

pláta

ruga

Tá Poppy agus Sam ar phicnic.

cáca

scian

iógart

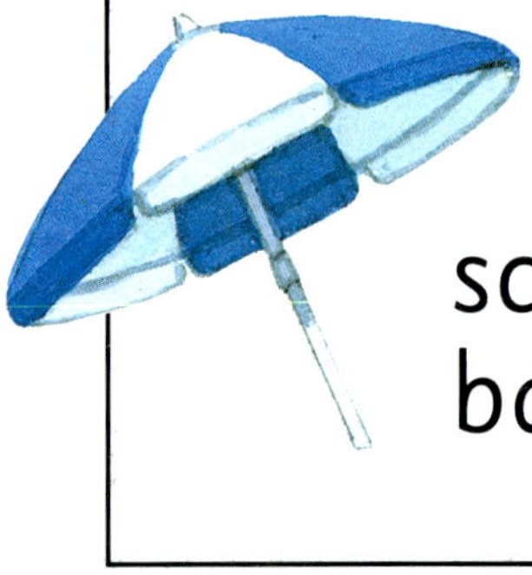

scáth báistí

arán

banana

32

I siopa na feirme

Tá crobhaing fhíonchaor ag Mrs. Boot.

Tá prátaí agus leitís ag Sam ina bhara rotha.

Cé mhéad crann cabáiste atá ag Poppy?

An íosfaidh an muc an tráta?

fíonchaora   cabáistí   prátaí   leitísí   trátaí

Ag dul ar phicnic

Lig Poppy don bhuidéal titim.

Tá pláta cáise agus scian ag Mrs. Boot.

Tá Sam ag cur amach an bhainne.

buidéal   cáis   scian   pláta   bainne

ríomhaire   teileafón   nuachtán   grianghraf

fístéip

pictiúr

Tá Poppy ag léamh leabhair agus tá Sam ag úsáid an ríomhaire.

Sa bhaile

Tá Poppy ag léamh leabhair.

Tá an teileafón ar an mbord.

Tá Sam ag úsáid an ríomhaire.

Tá Mr. Boot ag léamh nuachtáin.

leabhar   teileafón   nuachtán   bord   ríomhaire

Am codlata

Tá teidí Poppy ar an bpiliúr.

Tá Sam ag léim suas agus anuas ar a leaba.

Tá Poppy ag ní a cuid fiacal lena scuab fiacal.

Tá an ghallúnach ar an mbáisín.

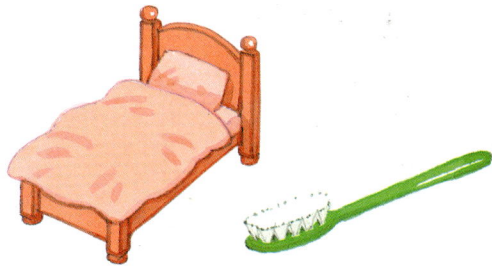    

leaba   scuab fiacal   teidí   piliúr   gallúnach   báisín

An Aimsir

sneachta

grian

fearthainn

ceo

gaoth

Na Séasúir

an tEarrach

an Samhradh

tuar ceatha

tintreach

leac oighir

scamaill

an Fómhair

an Geimhreadh

Dathanna

bándearg   dearg   oráiste   donn   buí

Uimhreacha

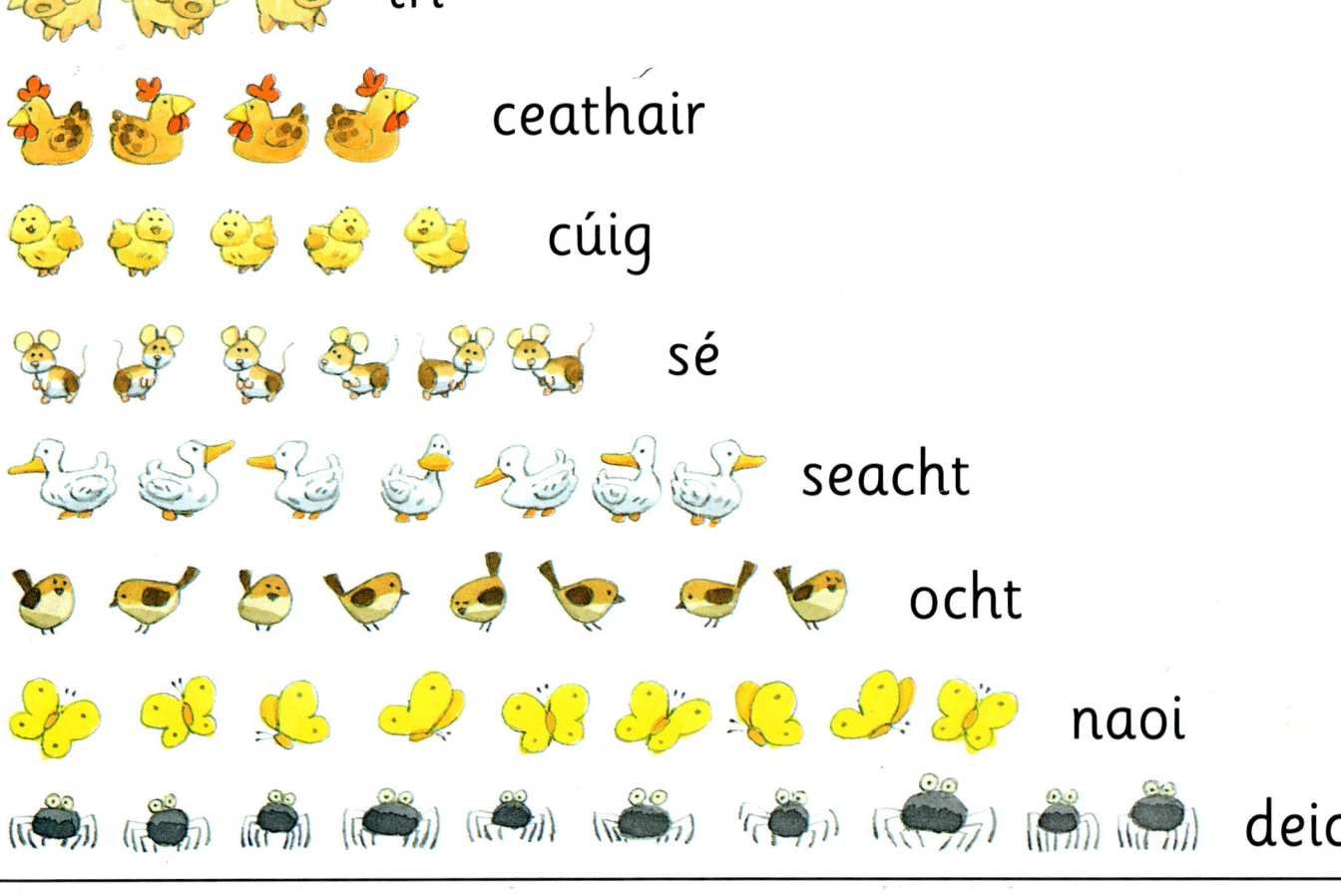

aon

dó

trí

ceathair

cúig

sé

seacht

ocht

naoi

deich

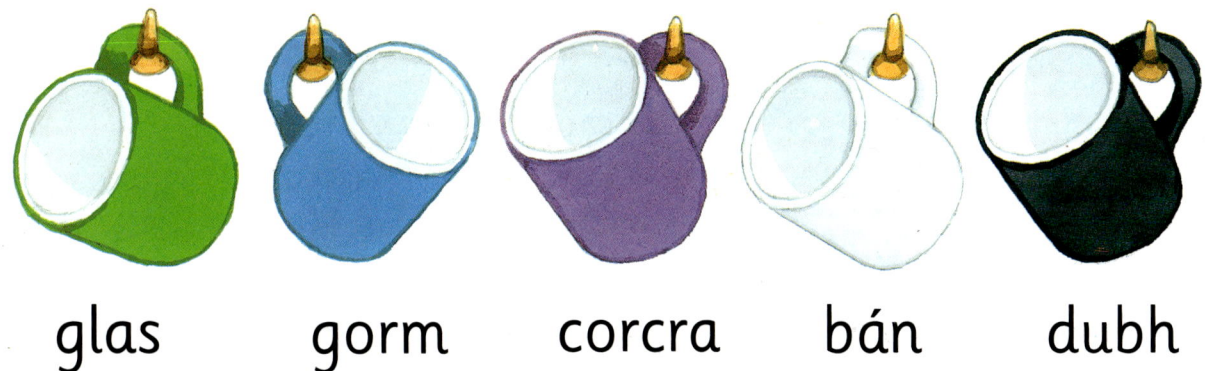

glas   gorm   corcra   bán   dubh

**Tá céad madra sa phictiúr seo.
Déan iarracht iad a chomhaireamh.**

10
20
30
40
50
60
70
80
90
100

First published in 2006 by Usborne Publishing Ltd, Usborne House, 83-85 Saffron Hill, London, EC1N 8RT, England. www.usborne.com Copyright © 2006, 2002, 2001 Usborne Publishing Ltd.

The name Usborne and the devices ♀ ⊕ are Trade Marks of Usborne Publishing Ltd. All rights reserved. No part of this publication may be reproduced, stored in a retrieval system or transmitted in any form or by any means, electronic, mechanical, photocopying, recording, or otherwise, without the prior permission of the publisher. Printed in Spain.